Deportes espectaculares

El hockey

Conteo

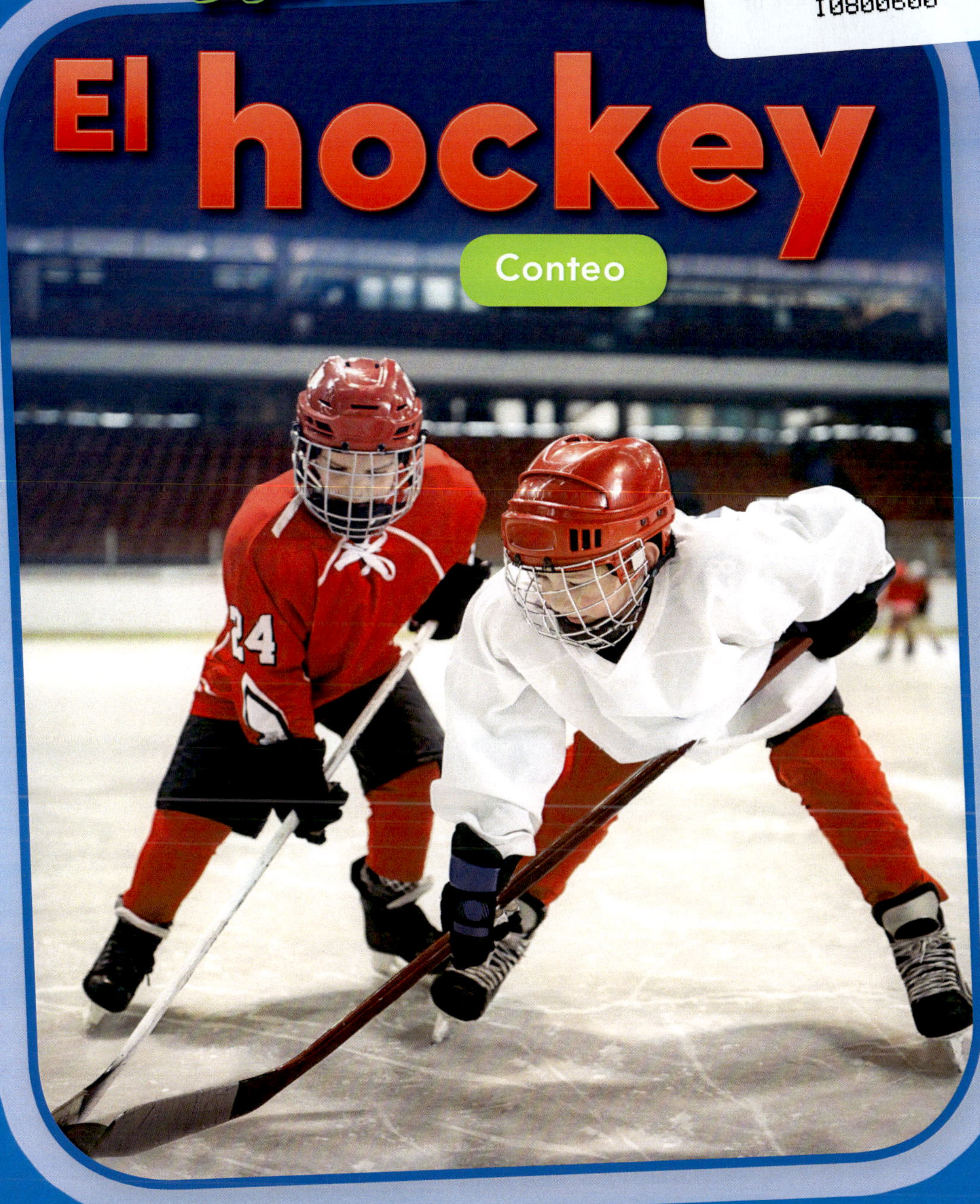

Linda Claire

¿Cuántos discos?

7

¿Cuántas redes?

2

¿Cuántos palos?

13

¿Cuántos jugadores?

12

¿Cuántos guantes?

16

¿Cuántos patines?

10

¿Cuántos cascos?

20

Resolución de problemas

Los jugadores de *hockey* usan mucho equipo para mantenerse seguros. Cuenta las piezas del equipo y escribe los números.

	equipo	¿Cuántos?
1.		
2.	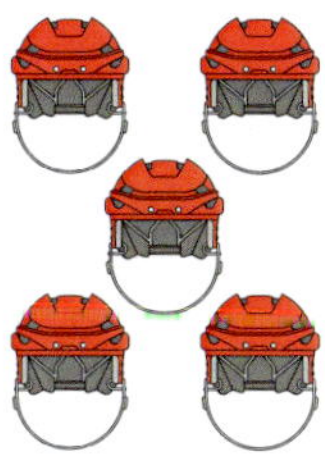	
3.		
4.		

Soluciones

1. 3 
2. 5 
3. 12 
4. 17